www.ingramcontent.com/pod-product-compliance
Lightning Source LLC
Chambersburg PA
CBHW060856220526
45466CB00003B/1399
* 9 7 8 1 6 5 8 2 3 4 1 4 6 *